Made in the USA
Monee, IL
20 December 2021

86631446R00070